陪兒子說說話

——爸爸一定要告訴兒子的44件事

原著 ■ 〔英〕菲利普‧查斯特菲爾德

改編 ■ 〔韓〕孫永俊

繪者 ■ 〔韓〕李佾善

譯者 ■ 徐月珠

新雅文化事業有限公司

www.sunya.com.hk

陪伴兒子一生的禮物

父母的教養是影響孩子成就的重要家庭因素之一，對孩子的未來起着至關重要的作用。對男孩子來說，爸爸的關愛和教育更是不可或缺的。看着兒子從嬰兒慢慢成長，從牙牙學語到蹣跚走路，你的心裏一定有滿滿的愛和期望湧起，希望自己能擁有像老鷹一樣蒼勁有力的翅膀，永遠把他保護在自己的身旁，不讓他經受那些可預見的挫折和傷害吧？

然而，兒子會慢慢地長大，學會思考，學會自強自立，學會和其他的小朋友更好地相處，積極地融入社會中……擔心也好，失落也好，你也會慢慢意識到：他就是一個小小男子漢，要去迎接挑戰，享受屬於他的多彩人生了！

在兒子成長的過程中，作為父母，尤其是爸爸，要怎樣才能讓他懂得你對他的愛和支持，怎樣才能教會他以男人的方式，更堅強、睿智地面對未來的挑戰呢？你是否在擔心自己表達不清，或是教育方法不對呢？

早在 18 世紀，本書的原著作者——英國著名的政治家和外交家菲利普・查斯特菲爾德（Philip Chesterfield）

因其所寫的《給兒子的信》（Letters to His Son）而聞名，兩個多世紀以來，查斯特菲爾德寫給兒子的信風靡歐洲各國，成為西方貴族式教育的典範。這是一位正直的紳士給予孩子們的一生忠告，充滿了父愛的動人表達，感動了全世界千萬讀者的心。

這本《陪兒子說說話——爸爸一定要告訴兒子的 44 件事》，從查斯特菲爾德寫給兒子的信中精選 44 篇，歸納整理為「處世篇、修養篇、自強篇、心態篇」四個篇章，講述關於為人處世、自我鍛煉、獨立自強、保持樂觀等生活經驗的智慧分享，對引導孩子的身心健康成長有着實用而直接的幫助。

而對於含蓄且不擅長言表的東方爸爸來說，本書無疑是最適合的送給兒子的寶貴禮物！在這本書裏，沒有一般教條式的指導，而是處處以慈愛父親的口吻，堅定細膩的語句，傳達爸爸寶貴的人生經驗，為孩子的成長點亮明燈！其韓國原版出版後，2 年內重印了 18 次，同時在台灣也是親子教育領域的暢銷書。

作為爸爸的你，還等什麼呢？趕快和兒子一起體驗這份溫暖，陪他一起快樂成長吧！

爸爸 的寄語

親愛的兒子：

　　不知道從什麼時候開始，我們之間的溝通就變得很少、很淺，其實爸爸有很多心裏話想要跟你說，因為爸爸希望你能夠從這些寶貴的經驗中得到幫助，讓你少走一些冤枉路，讓爸爸少一些心疼！

　　也許有一天，你會覺得自己不被別人重視，你會煩惱女朋友心裏的想法，你也開始害怕夢想會幻滅……但是親愛的兒子啊！可別忘了你還有爸爸傳授給你的勇氣和智慧呢！那將會一直陪伴你面對人生中的困境。

　　爸爸將想告訴你的話和感受都一一寫下了，希望你能夠慢慢地用心感受，也讓你了解，爸爸真的愛你……

　　　　　　　　　　　　　　　　爸爸

專家的話

蔡惠雲

遊言輔導中心・遊戲治療師及心理輔導員

　　父子，本來就是較少交談、較多一起活動的組合，但是有些事、有些經驗，如果爸爸可以告訴兒子，將會對兒子有很大的幫助。有爸爸的勇氣和智慧陪伴，兒子將來遇到困難時也更有信心。

　　透過《陪兒子説説話——爸爸一定要告訴兒子的 44 件事》，兒子可以平心靜氣地看爸爸的叮嚀，爸爸不是在兒子做錯事時才去教訓他，而是預先將各方面的經驗都教導給兒子，希望他不會走太多冤枉路，浪費時光。

　　爸爸給兒子的提醒是全面的，包括希望兒子成為勇者、仁者，每天和自己賽跑，具有幽默感，並用爸爸的身教，分享如何處理自己的怒氣等，這正正顯示出爸爸對兒子的愛也是全面的。有爸爸這樣的引導，兒子將會成為人人尊重的男子漢。

　　《陪兒子説説話——爸爸一定要告訴兒子的 44 件事》所用的態度，符合心理輔導中所提倡，有助人格成長的三大要素：接納、同理心和安全。「接納」是指接納兒子成長中的掙扎和需要；「同理心」是指明白兒子成長中遇到的困惑及不同的情緒；「安全」是指營造一個安全的空間，讓兒子去探索和成長。

目錄

處世篇

修養篇

自強篇

心態篇

處世篇

001 勇於表達 自己的想法

你已經不知不覺地長大了，是一個懂得表達自我的孩子了。如果你已經開始有自己的主見，那麼就要知道如何向別人表達自己的想法。

　　你已經不知不覺地長大了，是一個懂得表達自我的孩子了。如果你已經開始有自己的主見，那麼就要知道如何向別人表達自己的想法，這樣的對話我們叫做「溝通」。簡單地說，「溝通」就是和別人分享你自己的想法。

　　有些人雖然知識很淵博，卻不會表達；有些人雖然知識沒有那麼豐富，但是他能夠表達出自己的想法，甚至可以用話語來說服比自己知識更淵博的人。在你的朋友當中，也許有一些人已經能夠清楚地表達自己的想法了，對吧？

　　那麼，怎樣才算是好的口才呢？是不是能夠把自己想說的話完整地陳述，就是好口才呢？

　　一個好口才的人所說的話是能夠抓住別人的內心，要做到這一點，就應該用很清楚、明確、有力的語氣，並且適當地使用面部表情和肢體動作來說，但也不是叫你故意誇大其詞啊！而是要讓聽你講話的人能夠專注地聆聽，並了解你說話內容的重點。

　　平常閱讀書報雜誌的時候，如果書上出現了不錯的文句，可以把它背下來，以後運用在與人交談當中，這就是一種訓練說話技巧的好方法。當然，如果能夠不只是照本宣科，而是用你自己的語氣來表達的話，更能夠讓這些語句，成為屬於自己的說話方式呢！

002 發揮你的
幽默感

無論在什麼場合，最受歡迎的人就是具有幽默感的人。希望你也能試着努力成為懂得發揮幽默感的人！

　　哪一種人才是有幽默感的人呢？是常開玩笑的人嗎？還是偶爾會裝酷的人呢？你是否曾經被朋友稱為有幽默感的人呢？如果沒有的話，爸爸希望你能夠朝這個方向努力。

　　為什麼一定要成為一個有幽默感的人呢？最主要的原因是，這樣的人能吸引許多朋友聚集在他周圍，因為和有幽默感的人在一起聊天，常會令人感到愉快喜悦。沒有人會討厭愉快喜悦的感覺，不是嗎？

　　另外，經常和笑口常開的人聚在一起，會使用他們之間才使用的語言，會做出他們之間才做的舉動，這樣的互動方式能讓他們產生歸屬感，而歸屬感能夠為生活帶來活力與喜悦。

　　無論在什麼場合，最受歡迎的人就是具有豐富幽默感的人。希望你也能試着努力成為能夠配合場合氣氛、懂得發揮幽默感的人！

003 讓別人對你印象深刻

不管一個人有多麼的優秀，如果不具備令別人印象深刻的能力，就無法使別人完全地了解自己。

　　受歡迎的人，往往具有使自己比他人更傑出的能力。相反的，既自私又冷漠的人，無論書唸得有多好，就只能算是一個書呆子罷了。

　　比如有兩棟建築物，第一棟建築物非常堅固，任憑風吹雨打也不會動搖，但是外貌與造型並不美麗；第二棟建築物則不是很堅固安全，但建築的外貌與造型卻好像很豪華。你會喜歡哪一棟建築物呢？當然是第一棟建築物，對吧？

　　做人也是一樣的道理，假設有一個人雖然書唸得不是最好，但是常常面帶微笑，也有豐富的幽默感；而另一個人雖然功課很好，個性卻自私自利，總是帶着冷漠的表情。你會更願意和誰做好朋友呢？當然是有趣又常微笑的人，不是嗎？

　　不管一個人有多麼優秀，如果不具備令別人印象深刻的能力，就無法使別人完全地了解自己。而想要使自己邁出更傑出的第一步，首先就是要給予別人良好的印象。孩子，別忘了隨時保持禮貌和端莊的態度，並且面帶微笑來聆聽別人的心聲啊。

004 謙虛的人會受到大家的喜愛

不論是何等聰明的人，如果不夠謙虛的話，
也無法得到別人的愛與尊敬。

「越是成熟的稻穗，就越是低下頭」，這是幾天前聽到你說的話，爸爸聽了感到十分驚喜。這句話是學校老師教的嗎？這是一句非常重要的名言，讓爸爸來解釋其中的含義吧！

事實上，你乖巧又聰明，所以不只是爸爸，連周圍的人也常常稱讚你，如果你又因為用功唸書得到好成績的話，就會得到更多稱讚。

但是孩子啊，不論你有多聰明，如果不夠謙虛的話，一樣無法得到別人的愛與尊敬。

你也知道，在這世界上有許多很了不起的人，每個人都有自己傑出的一面。因此在任何人面前誇耀自己的長處，都是沒必要的舉動。

真正了不起的人，是明白自己的優點和缺點的人。這樣的人不會在別人面前擺出強硬的態度；雖然對別人溫柔，但對自己的要求卻非常嚴格。

每個人都會想得到肯定的掌聲，即使你對某件事情很有自信，覺得自己能夠做得好，也要記得肯定別人。這樣一來，無論你走到哪裏，也都能夠受到大家的歡迎。

005 說謊是 無止境的深淵

說謊是欺騙別人的行為，而欺騙會粉碎人與人之間最重要的「信任感」。

當你説謊的時候，爸爸會覺得很生氣。回想起來，祖母也是這樣教育我，當爸爸對祖母説謊的時候，我的小腿就會被打到瘀青！幾次下來，我就知道説謊是多麼不好的行為，加上了解到祖母的一番苦心後，便下定決心，不再對任何人説謊。

說謊是欺騙別人的行為，而欺騙會粉碎人與人之間最重要的「信任感」。但是比欺騙別人更嚴重的事，就是欺騙了自己的良心，因為要恢復被污染的良心是很困難的。而且，説謊是一道無止境的深淵，為了要使謊言不被拆穿，謊言會越説越大、越説越多，最後就會成為醞釀犯罪的溫牀。

要預防這樣的事情發生，就要下定決心，即使在自己會吃虧的情況下，也能對任何人誠實坦白。尤其是不要有想欺騙大人的想法，因為大人們都經歷過像你們這樣的年紀，能夠掌握你們的想法與説話的方式，所以你的謊言很快就會被拆穿。

不知道你是否聽過「善意的謊言」？那是為了不想傷害別人而説的謊言。但即使是善意的謊言，也並非隨時都可以説，因為可能會有第二者或是第三者，在不知情的情況下相信了善意的謊言而受到傷害。

總之，爸爸希望你無論在什麼情況下，都能夠避免欺騙別人。記住，説謊是無止境的深淵。

21

006 正義的守護者

爸爸希望你長大以後，能夠被稱為一個有正義感的人。

你認為正義是什麼呢？所謂有正義感的人，又是指哪種人呢？我們常常可以在有趣的漫畫書中，看到這樣的例子：

漫畫中的主角，常稱自己為「正義的守護者」，就是指：不顧自己本身的利益，卻處處為別人着想，甚至為了打擊罪惡不惜犧牲生命，或者是為了堅守正義而努力的人。

但是在現實社會中，究竟有多少人保持着這樣正義的心態呢？在你看來，有正義感的人，究竟有多少呢？

在現代社會中，正義感漸漸地消失了。因為大部分的人，在為別人設想之前，總是會先想到自己。但是仔細觀察周圍，還是會發現仍然有許多為他人着想、堅持正義的人。但是他們並非像漫畫當中的主角一樣，是又英俊又了不起的人，反而常是一些地位不高，財產也不多的普通人，他們常常苦惱着要如何去幫助那些比自己生活更困難的人們。

有誰命令他們做那些事嗎？沒有。那只是因為他們擁有一顆為他人着想的正義之心。你也能夠擁有先為他人着想的美麗心境嗎？爸爸希望你長大成人之後，也能被稱為一個有正義感的人。

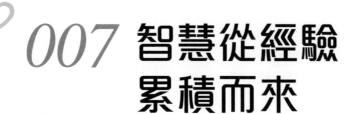

007 智慧從經驗
累積而來

在瞬間必須做出困難的決定時，以及處於為
難的處境中時，智慧皆扮演着非常重要的角
色。

　　歷史上以智慧聞名的第一人選，就是以色列的所羅門王。從前，國王必須要處理所有的判決，因此所羅門王也身負法官的責任，他常常必須運用智慧，為人們複雜的糾紛做出判決。我來告訴你其中一則最有名的故事吧！

　　當時，有兩個女人為了爭奪一個小孩而吵鬧不休，於是所羅門王傳喚這兩個女人到宮裏來。兩個女人都說了一段她跟小孩之間的故事，聽起來都很真誠，所以實在是難以分辨到底誰才是孩子真正的母親。所羅門王沉思了一會兒後，對兩個女人說：「你們一人拉住小孩的一隻手，誰能把小孩拉到自己身邊，小孩就歸誰吧！」於是，兩個女人依照所羅門王的命令，一左一右地拉着小孩的手。小孩在兩人用力地拉扯下，因為疼痛而放聲大哭。聽到這樣的哭聲，其中一個女人便稍微鬆了手，另一個女人則趁機將小孩拉到自己身邊。

　　最後，所羅門王卻把小孩判給了那個中途鬆手的女人，因為真正的母親把小孩看得比自己的生命還寶貴，所以他能判斷，不希望孩子受到一點傷害的女人，才是這個孩子真正的母親。

　　像這樣在瞬間必須做出困難的決定，或是處於為難的處境時，智慧扮演着非常重要的角色。因此，有智慧的人反而比有知識的人，更容易擁有愉快的人生。

　　然而，你知道智慧是從何而來的嗎？就是在許多的生活經驗當中獲得的。所以，從現在開始，對於你所面臨的每一件事，都必須比以前更認真地思考才行，因為你每一次所做的決定，都將成為累積智慧的資源！不論是好的經驗或是不好的經驗都是如此。

25

008 朋友是
一輩子的事

結交益友就像是幫自己的人生買了保險一樣，
無論何時何地都能夠安心自在。

有一天，你和朋友在外面玩到很晚才回來，你還記得爸爸曾經問你和誰在一起嗎？那時，你說是和同校的阿凱、家昌一起玩耍，但是爸爸的內心卻十分擔憂。

當時爸爸需要時間來想一想該怎麼對你說，你卻喊累而先回房休息了，所以爸爸想借這封信跟你說，希望你了解「朋友是一輩子的事」。

爸爸知道他們是你喜愛的朋友，你們一起度過了愉快的時光。因此爸爸的話可能會讓你傷心，但我仍然希望你可以了解爸爸的用意。

你也知道阿凱常常在電子遊戲機中心裏玩很久，對於讀書和其他的休閒活動漠不關心；而家昌曾經偷過朋友的東西……

爸爸擔心你被他們帶壞，每次你和他們一起玩耍回來之後，我都會非常煩惱。

在爸爸小的時候，爺爺也曾經給我類似的忠告，讓我來告訴你這個故事吧！

那是在爸爸 12 歲時發生的事情。在村子裏，有個比爸爸大 5 歲的哥哥，常常帶着我一同上山遊玩。

有一天，爺爺突然不准我和那個哥哥一起玩。我當時不懂爺爺的用意，只是哭着說：「為什麼不讓我交朋友呢？」

有一天，那位哥哥拜託我幫他搬兩個木箱子，因為這是他第一次對我提出請求，所以我毫不猶豫地答應了，搬完箱子後，我就回家睡覺了。

　　第二天，爸爸被爺爺大罵一頓，還被帶到警察局去。也不知道是為了什麼事情，爺爺一直不停地向警察們道歉。

　　後來才知道，那兩個木箱子是那位哥哥從老師那裏偷來的。爸爸知道事情的真相之後非常驚訝！經過那次事件以後，爸爸就明白爺爺的苦心了。

　　爸爸希望你不要犯下和我一樣的錯誤，並且要結交益友。你聽過「物以類聚」這句話嗎？意思是說類似的人會聚在一起。所以，觀察一個人所結交的朋友，就可以了解他的個性。

　　結交益友就像是幫自己的人生買了保險一樣，在任何時候都能夠安心自在。即使是身處困境，你也能夠得到朋友的幫助。

　　就像是飛彈，即使具有再精確的飛行性能，如果發射台不夠穩固，也毫無用處，不是嗎？益友就像是為了自己人生的某個目標，所必需的安全發射台一般。

　　說了那麼多交朋友的方法，爸爸相信你應該已經很清楚了。受到大人們的肯定，具有正確的言行等等，這樣的

朋友就是能夠帶給你良好影響的人。

　　但是也不需要因此對那些有壞習慣的小孩，抱持着異樣的眼光或是討厭他們，甚至刻意冷落他們，爸爸只是希望你身邊能夠有值得信任的好朋友。

　　兒子啊，當爸爸看到你結交益友時，就會更信賴你，並且對你的未來感到放心。別忘了，朋友是一輩子的事！

009 傾聽
朋友的心事

學習傾聽朋友的心事，讓朋友知道你是在乎
朋友的。

如果你結交到好朋友的話，就要與對方維持長久的友誼，並且努力地不要讓朋友對你失望。如果不想使朋友失望，就要讓朋友感到喜悅，那麼要怎樣做才能讓朋友感到喜悅呢？以爸爸的經驗來看，這並不難做到。

事實上，只要能擁有想讓朋友感到喜悅的心情，朋友就會很開心了。請學習傾聽朋友的心事，因為這能讓朋友知道你是在乎他的。這麼一來，你就會感受到朋友之間堅固的友情。

讓朋友喜悅的方式，不只是傾聽而已，說話的時候也是一樣。假如只有你自己一人在唱獨腳戲，聽的人就會感到很無聊。

另一方面，不能因為對方總是不停地說，你就露出厭煩的表情，即使那個朋友是你並不怎麼喜歡的人，也要真心地聽他說話才對。那麼，你的朋友將會感謝你，也會肯定你在他心中的地位了。

010 主動向別人打招呼

打招呼的人與接受招呼的人，雙方都要感到愉快，才能算得上是真正的打招呼。

　　打招呼是人與人之間往來的第一句話。打招呼在我們的日常生活當中，扮演了非常重要的角色。任何人都會對主動向你打招呼的人有好感，不是嗎？

　　當完全不認識的人碰面時，可以通過打招呼來告訴對方自己是誰；通過打招呼，也可以使原本互不相識的人彼此認識。如果想要給別人有良好的第一印象，就可以常常向別人打招呼，這是大家都知道的常識。

　　還有，向自己尊敬的人或喜愛的人打招呼，也能借此表達自己對他們的好感。你可以用明朗又親切的表情和態度來向他們問候。

　　不過，爸爸要提醒你，打招呼時也要根據時間和場所，以及配合各種情況，來說出合宜的話語。例如，如果面對處於悲傷情緒的人，卻以開玩笑的口吻或輕率地打招呼的話，你就會被認為是個既輕浮又幼稚的人，以後別人就不想再看到你了。

　　打招呼的人與接受招呼的人，雙方都要感到愉快，才能算得上是真正的打招呼。如果是迫不得已才打招呼的話，勉強的情緒就會不自覺地表現在臉上，這樣會使對方不高興，甚至感到被侮辱。這麼一來，打招呼就沒什麼意思了。即使是對於非常討厭的人，也可以試着真心地向他打招呼，這樣或許可以減少他對你的偏見，而漸漸改善兩人的關係。

011 建立良好的
異性友誼

男生與女生各自擅長的能力並不相同，彼此
互相理解並接納對方的一切，才能夠擁有良
好的異性關係。

最近有許多小學生流行和異性朋友交往，不論是男孩或女孩，對於自己喜歡的人，總是很輕易地就說出「我要我們在一起」之類的話，還寫下稱為「情書」的交換日記來確認彼此的心情，大方地穿着情侶裝，來宣告彼此正在交往，看起來好像和成年人沒什麼兩樣。我想也許在你的周圍也有很多這種同學，爸爸說的沒錯吧？

但是，請你好好地聽爸爸說。你們之所以會結交異性朋友，應該是由於你們對彼此感到好奇，因為大人們這樣做，所以你們也照樣學。如果要像成年人一樣交往，對於你們這個年齡來說是很困難的，因為你們在面對男女情感時的處理態度還不夠成熟。那麼，要如何與異性相處才好呢？

首先，不要覺得與異性相處是和成年人之間談戀愛一樣，現階段的你，對於自己喜歡的女孩，只要抱持着互相陪伴和照顧的心態就可以。但是你必須知道在那之前，要先學會珍惜你自己和尊重別人。

還有很重要的一點就是，必須拋棄男生比女生優秀的偏見。如果你輕視女性，無法理解女性的想法，長大以後也會保持着相同的偏見。男生與女生各自所擅長的能力並不相同，彼此互相理解並接納對方的一切，才能夠擁有良好的異性關係。

修
養
篇

012 公平地
與對手競爭

成熟的人會用公平的方式來與對手競爭。如
果對方想要打壓自己，你反而要禮貌地對待
他。

你能夠公平地對待討厭你的人嗎？雖然每個人都認為應該那樣做，但是要實踐這一點並不容易。尤其是孩子，因為你們的想法尚未成熟，具有容易興奮並且衝動行事的傾向，要你們秉持公平的原則可能會更加困難。

但是，爸爸希望你能將這些人當作對手，必須要注意的是，「對手」與「敵人」是不同的，如果把對手當成敵人的話，往往會為了求勝而不擇手段，就無法保持公平了。

首先要牢牢記住，好的對手將成為自己成功的鑰匙。比如說你在班上是第二名，拚命努力想要成為第一名；然而第一名的同學，他也想繼續維持第一名，所以更加用功學習。在這種良性競爭下，兩人的成績都會提升的。

成熟的人會用公平的方式來與對手競爭。如果對方想要打壓自己，你反而要禮貌地對待他，因為那是使自己成長的方法。比起只顧個人感受而打壓對方的人來說，通過公平的競爭而獲勝的人，才能夠被這個世界承認是一個真正的勝利者。找個好的對手，試着努力去用公平的方式獲勝吧！如此一來，你將會有很大的收穫。

希望在你未來的人生旅途上，能夠有許多公平的競爭機會。

013 不要將情緒
掛在臉上

日常生活中，在待人接物時有一點千萬要記住，就是不要輕易地將自己的情緒表現出來。

不要輕易地將自己的情緒表現出來，這在日常生活的待人接物時是很重要的修養。

譬如：有人對你說了不好的話，就立刻臉色大變；或者聽了好聽的話，表情馬上就變得很高興，這都不是穩重的儀態。那樣的舉動會令對方覺得你是一個容易被左右的人，心術不正的人就常利用這種人性的弱點來達到目的。

如果你是一個容易將情緒表現在外的人，不要說那是天生的性格使然，而是要抱定決心，試著努力成為一個穩重的人。

要爸爸告訴你秘訣嗎？

爸爸在生氣時，並不會當場以充滿憤怒的聲音來反駁對方，我會花一點兒時間讓心情先穩定下來；同時盡可能地不要將憤怒表現在臉上。爸爸從很久以前就開始使用這個方法，所以現在無論面對多麼不愉快的情況，我也不會表露出太多的情緒在臉上。

相反地，如果別人輕易地將情緒表露出來，你也不可因此而利用別人，應該要試著改變立場來想一想，並請先耐心地等待對方穩住情緒吧！

014 多替別人着想

如果你發現了別人的特質，要適時地幫助他在眾人面前顯露出優點來；但是關於他的缺點，則是要在沒有人的時候，悄悄地給予他忠告。

　　要怎麼做才能帶給別人喜悅，才能讓自己得到稱讚呢？如果想要帶給別人喜悅多於惹人生氣，想要得到稱讚多於責罵，想要得到寵愛多於被人厭惡的話，那麼首先就要懂得去理解別人。因為別人也和你一樣，想要帶給身邊的人喜悅，想要受到稱讚，也想要得到愛。

　　真的做得到嗎？其實並不難。只要站在別人的立場，去理解他們的想法，並且給予關懷就可以了。每個人都有屬於自己的習慣、興趣及專長，你也總是散發着自己獨有的特質。但是如果你不多花一些心思在別人身上，也許你就看不見別人身上的獨特性了。

　　如果你發現了別人的特質，可以適時地幫助他在眾人面前顯露出優點來；但是關於他的缺點，則是要在沒有人的時候，悄悄地給予他忠告。如果能夠像這樣替別人着想，使別人的立場不至於太難堪的話，人們就會覺得你是個好人，並對你產生好感。因此，如果想要和某個人成為朋友時，要先觀察那個人的優缺點，並且試着去稱讚他好的一面。

　　正如前面所説的，每個人都有其優點，並且都希望得到別人的認同，所以如果能對於那個人想要「被認同」的部分給予稱讚的話，他就會對你打開心扉。不過，也不能只是稱讚對方的優點而隱藏他的缺點，那並非對待別人的正確態度。

　　每個人都非常清楚自己的缺點，因此如果只是一味地指出別人的缺點，那也可能會引起反效果。爸爸認為，在指責別人的缺點之前，要先去了解他為什麼會這樣！這麼做才能慢慢地幫助別人改正缺點，也才能算是真正地為他人着想喔！

43

015 請尊敬
你的老師

尊敬老師的人，他的人生絕不會失敗。希望你也能夠向老師學習人生的道理。

　　影響爸爸一生最深遠的人，就是爸爸所有的老師們，特別是小學三年級時的一位老師。因為教導學生是老師的責任，所以老師會比一般人更具有豐富的知識。

　　但是爸爸想對你說的是，要從老師那裏學習比知識更寶貴的內容，也就是老師的生活方式。你應該知道每個人的身上都有值得學習的地方吧？！尊重並跟隨他們，一定能夠使你獲益良多。有句話說：「一日為師，終身為父。」老師並非只是個教你知識的人啊！

　　你是否曾試着從他們身上找尋可學習之處呢？有一次我突然聽見你說：「我們的老師真討厭！」爸爸希望那不是你的真心話。

　　雖然你現在還是小學生，但是已經遇到過不少的老師，這些人當中有些是你喜歡的老師，也有些是你不喜歡的老師，但是，爸爸希望你可以試着從他們身上尋找可學習之處，相信你一定會有所收穫的！你會發現有的老師是充滿活力的，有的老師擁有一顆溫暖的心，有的老師則是有豐富的知識。

　　孩子，尊敬老師的人，他的人生絕不會失敗。爸爸希望你也能夠向老師學習人生的道理，好嗎？

45

016 長者是
智慧的寶藏

努力向長者學習你所未曾經歷過的人生經驗。無論過着多成功的人生，輕視長者的人，總是會遭到慘痛的教訓。

那是爸爸高中三年級的事情了。當時要考大學，就像是要打一場激烈的戰爭，所以爸爸每天的壓力都很大。

由於家人對爸爸抱有很高的期望，大家也都不想再給我額外的壓力，因此即使我犯了錯也不會大聲斥責我。但是爸爸卻以為，只有我自己一人承受着莫大的壓力，而對愛我的家人，做了一件讓我終生後悔的事情。

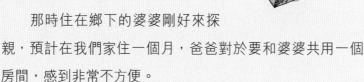

那時住在鄉下的婆婆剛好來探親，預計在我們家住一個月，爸爸對於要和婆婆共用一個房間，感到非常不方便。

爸爸想要晚睡晚起，但是婆婆卻是早睡早起，又常常嘮嘮叨叨唸一大堆，讓爸爸感到很厭煩，所以常對婆婆不太禮貌。

爸爸總是氣呼呼地回答婆婆的問題，也常常做出不耐煩的表情，有時候甚至裝作沒聽見婆婆的話，悶不吭聲。

有一天，當我背起書包要上學時，婆婆又在嘮叨了，叮囑我多穿件衣服、記得要繫好鞋帶、早飯怎麼可以吃那麼少等等。我感到很厭煩，也不回答一聲就出門去了。當我傍晚回到家裏時，卻看到妹妹哭得很傷心。

原來是婆婆去世了……

爸爸非常震驚！並且為自己對婆婆所做的傲慢行為感到十分後悔，同時也因為沒能夠對婆婆好一點而感到遺憾，但是一切都太遲了！因為婆婆已經不在人世了。

從那時候起，每當我看到老人，就會想起去世的婆婆而懊悔不已。也許是因為如此，所以爸爸現在每個周末都會去養老院，當一個服侍老公公、老婆婆用餐的義工。

在爸爸的一生中，最後悔的就是這件事。沒有人會永遠活在這世界上，每個人都不知道自己何時會死，因此不要互相給予傷害和痛苦。特別是長輩們活在世上的日子已經不多了，也許你將來沒有為自己的過錯祈求寬恕的機會。

當長輩的觀念與你有差異，或是出現溝通上的困難時，應該耐心地去了解他們的想法。

如果把像你這樣的小孩，比喻為一張只畫了幾條線的圖畫紙，那麼長輩就像是一幅已經完成的圖畫，要在圖畫紙上再增加些什麼東西是很困難的，所以要說服長輩接受你的想法，並沒有那麼簡單。

反而是你應該努力向他們學習你所未曾經歷過的人生。無論有着多麼成功的人生，輕視長者的人，總是會遭到慘痛的教訓。

去欣賞一幅已經畫好的圖畫，並將他們的經歷作為借鑒，再努力去學習他們的優點，即使你遇上困

難的挑戰，也能夠因此得到寶貴的經驗，不是嗎？

　　這個禮拜要不要跟爸爸一起去養老院呢？上一次老公公、老婆婆們不是都很喜歡你嗎？

　　這一次，試着展現你的歌唱實力吧！老公公、老婆婆們一定會很高興的。而且，從這些老公公、老婆婆身上，爸爸相信你會看到另一種不同的人生智慧。

017 主動學習
的樂趣

讀書需要自己領悟到其中的樂趣,並且要有主動學習的熱情。

你是否曾經在讀書時，感受到主動學習的樂趣呢？爸爸曾經聽很會讀書的人說，要體會到讀書的樂趣，書才會讀得好。事實上，爸爸並不擔心你無法領悟到這些道理，只是希望你可以早些明白，最重要的學習習慣是什麼！

每個人都需各自負責自己分內的工作。農夫們在田裏耕種，使人們有米飯、蔬菜、水果可吃；工人們在工廠工作，製造日常生活中的必需品；漁夫們出海捕海產，使我們有美味的魚蝦蟹貝可吃。

但是如果他們連自己所負責的事情都做不好的話會怎麼樣呢？農夫如果不耕種，那麼向農夫買米來吃的人們就沒有飯可吃了；同樣的，工人們如果不工作，人們就無法獲得生活上的必需品。

像這樣，人們對於自己該做的事情，必須盡全力去做。那不只是為了別人，同時也是為了自己啊！

有些父母認為學校上的課還不夠，下了課還送孩子去補習班，甚至花大筆的錢，請補習老師，增加許多額外的功課，希望借此培養孩子的實力。但爸爸認為，書要唸得好，並不是要靠那些額外的補習，根本的方法是如何珍惜擁有的時間，來更有效地學習。

爸爸讀過大學，我可以肯定地告訴你在學校認真學習

的重要性。無論上再多的補習班，如果在學校不認真聽講的話，在補習班上課時也不會認真聽講，考試時就不可能會有好成績！還有，看太多的參考書和做太多的練習冊也不太好。特別是有很多小孩，這本練習冊寫一半，又換另一本，換來換去，這份測驗卷也做，那份測驗卷也做，到了後來，可能會在不知不覺間越來越討厭唸書。其實，應該先紮實地學好教科書上的內容才對。如果仍嫌不足，可以再選擇一種參考書，不間斷地練習，就會達到效果。

考試時，也有方法要領。在學校考試前，你可以先預測考題。起初可能猜不出考題，但反覆思考幾次之後，就漸漸地能預測出可能會出現的考題。特別是上了高中以後，教導每個科目的老師都不同。如果在各個科目的上課時間裏，能集中精神認真聽講的話，要預測考題並不難。因為

在上課時，老師所講的內容，大部分都會出現在考題中。因此，只要在課堂上認真聽講，想得到好成績並不是件太難的事情。

另外，也不可忽視平時的研讀。養成在上課的前一天先預習所要學習的內容再聽講的習慣吧！如果能事先預習上課內容，在老師講解時就能更容易理解，這樣也就能將所學的內容牢牢記住。到了考試時，根本不用臨急抱佛腳。

　　讀書需要自己領悟到它的重要性和必要性，並且要有主動學習的熱情。如果能按照爸爸所講的讀書方法去實踐的話，讀書就不再是一件苦差事了！

018 成功人物的特質

當你去稱讚別人的長處，或給予別人很高的評價時，對方會感到被認同，同時也會去試着發掘你的優點。

如果在你周圍有比你更成功的人時，你會怎麼想呢？是否曾經因此而討厭那個人呢？如果曾經如此，那你就要好好反省了！

每個人都會有成功與失敗的時候。曾經失敗過一次的人，並不會因此永遠失敗；相反地，曾經成功的人，如果就此安逸自滿，也會招致失敗。但是，如果你因為自己的失敗，就憎惡成功的人，這樣做對嗎？假如你成功了，而且成為大家羨慕的對象，但卻被某個人所厭惡，你會不會很傷心呢？

一般人都只看見別人的缺點，卻看不見別人的優點；而且無謂的嫉妒，會浪費許多精力在厭惡與批判別人的成功上。

當然，如果那個人並非靠實力，而是以不正當的方法贏得成功的話，就要勇於去批判他。因為不畏懼給予對方指正，才是有勇氣的正當行為。與其去諷刺別人的缺點，不如去挖掘別人的優點；與其去嫉妒別人的優點，不如去發現並改正自己的缺點。如果能這麼做，那麼你就具有成功的特質了。

當你去稱讚別人的長處，或給予別人很高的評價時，對方會感到被認同，同時也會去發掘你的優點。

爸爸希望你能夠努力地成為贏得他人讚賞的人！

55

019 你常說錯話嗎？

觀察別人說的話是了解並判斷一個人最直接
的方法。只要與某個人交談之後，就可以大
致了解那個人的個性。

最近看到人們常常會有說話輕浮的情況。走在街上，常常聽到令人驚訝的對話，尤其是很親密的朋友，都互相以摻雜着粗俗的字眼來交談；也有些人為了一些芝麻綠豆的小事，就大發雷霆地叫罵。甚至連像你們這種年紀的小孩，也是滿口的髒話。

觀察別人說的話是了解並判斷一個人最直接的方法。也就是說與某個人交談之後，就可以大致了解那個人的個性。因為一個人的知識水準、想法與行動，都會流露在他所說的話語當中。

如果你也有說話輕浮的習慣，要快一點改正過來！因為那些話語，絕對不會使你成為一個穩重的人。如果你身邊有朋友常說一些輕浮的話語，你也要引導他改掉這個壞習慣。爸爸希望你能了解，禮貌且適當的話語，是成為一個端正又優秀的人的第一步。

020 勇於承認錯誤

要記住，當有人責備你時，表示這當中有你所不明白的錯誤，所以我們要常常注意自己的行為舉止，並且謙虛地生活。

你知道今天發生了什麼事嗎？也許你還不知道，爸爸今天到學校去與你的老師面談。因為昨天你的老師打電話來，說你和其他的小朋友打架，但你卻不承認自己犯了錯誤。

爸爸當時對你非常失望，但是到學校和老師溝通過之後，才比較了解你的想法。你是因為想要幫助一位在班上受到冷落的同學，才和幾個小朋友發生爭執，後來老師責備你時，你卻不承認有錯，自始至終都不肯請求原諒。

你要保護被冷落的小朋友，這是件好事，但是在任何情況下都不可以使用暴力來解決問題，因為那是不對的。如果不是為了保護自己，絕對不可以使用暴力。

還有，必須要勇於承認自己所犯的錯誤。即使你認為自己沒有做錯的地方，當大人責備你時，也應該要先檢討自己是不是做錯了什麼？如果當時不明白自己的錯誤，也該虛心地詢問。如果老師沒有馬上阻止這場紛爭，你可能會犯下更大的錯誤，所以老師才會責備你。否則，以後你們一定還會打架，而且越打越激烈。

要記住，當有人責備你時，表示這當中有你所不明白的錯誤；要常常注意自己的行為舉止，並且謙虛地生活，那將會使你成為一個端正的人。

021 收集每天的故事

從現在開始，希望你也試着寫回顧今天、計劃明天的日記吧！將你每天的故事收集起來，就能成為你獨一無二的小歷史哦！

　　為什麼要寫日記呢？爸爸在你這個年齡的時候，也不知道為什麼要寫日記；但是每天持續地寫之後，就養成寫日記的習慣了。爸爸覺得可以借由寫日記的習慣，來培養反省今天、計劃明天的習慣。

　　從現在開始，希望你也試着寫回顧今天、計劃明天的日記吧！不要把它想得太難。只要去回想今天所發生的事情，將最有趣的事、最悲傷的事、做錯的事，以及明天所要做的事寫下來就可以了。那麼，你很自然地就會對寫日記產生興趣。如果能夠將你每天的故事收集起來，就能成為你獨一無二的小歷史哦！

　　想想看，等你長大以後，再來回顧自己以前所寫的日記，一定很有感觸！即使一年後再回過頭來看，也會覺得很新奇有趣；數十年後，等你當了爸爸，再來回顧這些日記的話，不知道會多有趣啊！

　　因為爸爸體驗過這種寫日記的樂趣，所以才會建議你這麼做的，兒子，不妨從今天開始試試看吧！

022 節儉和儲蓄的好習慣

合理地使用零用錢，養成節儉與儲蓄的習慣。
這樣的話，也許某一天你也可以對需要幫助
的人伸出援手。

　　最近連小學生的身上也都帶着許多錢，不知道他們是否真的有那麼多地方需要用錢？但是爸爸每個月只會給你一次零用錢，你是否曾經為此感到丟臉或生氣呢？有時想買好吃的東西請同學吃，或是想買禮物送給朋友，卻因為沒有錢而無法隨心所欲地去做，我想你一定有這種經歷吧。這些爸爸都知道，但是不讓你隨意地花錢，是有理由的。

　　錢有時候會使人變得很奇怪。錢可以使人哭可以使人笑。如果有許多錢，人們就會感到滿意，似乎什麼都能夠做似的，所以人們總是努力地賺錢。

　　現在正風行香港的六合彩不也是如此嗎？事實上那是借着煽動每個人都有可能成為富翁的念頭，使人們去買六合彩。人們明明知道中獎的機會很低，卻仍抱着也許會中獎的想法，而一直去買。

　　我們不能依靠那種方式賺錢！應該憑自己的工作能力去賺得錢財，並養成儲蓄的好習慣。把錢存起來累積成一筆小錢，能夠幫助別人，或是以備不時之需。

　　爸爸為了能讓你養成這種好習慣，所以會在固定的時間給你零用錢，請從現在開始，好好使用你的零用錢，養成節儉與儲蓄的習慣。花錢的習慣並不是在一朝一夕間養成的，從小就懂得合理花錢，將來才能成為真正的富翁。

自強篇

023 每天和自己賽跑

遵守與自己的約定，去做自己該做的事情，
比起看着別人去做而跟着做更有意義。

也許你會問爸爸，有沒有能夠輕易戰勝別人的方法呢？競爭並不是不好，競爭會使自己進步。只不過每個人都想追求悠閒浪漫的生活，因此對於必須隨時挑戰別人的情況，多半會感到有負擔而想逃避。

但是我們卻可以在與自己的戰爭中獲勝！遵守與自己的約定，去做自己該做的事情，比起看着別人去做而跟着做更有意義。如果能夠先戰勝自己，那麼與其他人的競爭就會容易多了。

爸爸從你的日常作息中發現，現在的小學生要唸的書實在是太多了，也就是說，在小學生之間已經有許多的競爭了。不知道你會不會這樣想：「啊！如果是在 50 年前出生，就不用這麼辛苦地唸書了！」每當爸爸唸書唸得很吃力的時候，也常常會這麼想。

但是 50 年前的小學生，壓力不是來自於課業，而是來自於生活問題。因為那個時候實在是太窮了，所以常常必須煩惱該如何吃到下一餐，因而無法好好地用功唸書。

爸爸想起一位得到馬拉松比賽冠軍的選手，在接受訪問時曾說過：「我並不是為了想贏過身旁的競爭者而跑，而是為了要努力去維持我身為第一名的尊嚴。」

024 全力以赴的意志

俗語說：「自助者天助之。」無論面對任何事情，在尚未達到目標以前，都要先盡全力衝刺。

自強篇

　　你是否曾經制訂計劃並全力以赴，直到完成目標為止呢？對了！上次爸爸給你買了一本厚厚的書，你很快就讀完了，你還說讀完那本書以後產生了自信心，真是讓我感到很欣慰。

　　如果決定要讀一本書，就要養成全部都讀完的習慣！既然決定今天要讀到哪個部分，就要努力地去完成。

　　人與動物最大的不同之處，就是人具有「意志」。不論是像你這樣的學生，或是像爸爸這樣的上班族，都必須具有堅強的意志，才能成功實現自己的夢想。

　　世界並非只屬於自己一人，而是屬於所有人的，因此在達成目標的過程中，一定會發生許多預想不到的事情。在這過程當中去克服障礙，堅持達到目標的能力，就是「意志」。

　　你知道人稱「台灣經營之神」的王永慶，原來只是個平凡的賣米小販嗎？當時他為了要和隔壁那家日本米店競爭，可是花費了比其他人更多的心思。因為王永慶不但重視米的品質，還懂得主動關心客戶的需求，在他這樣堅定意志的努力下，不久後，王永慶米店的收入就遠遠超過那家日本米店了。

　　王永慶能夠從當初的小米店發展到今天的台塑集團，可不是一蹴而就的，在他曲折的人生中，面臨了許多的困

69

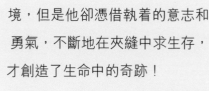

境，但是他卻憑借執着的意志和勇氣，不斷地在夾縫中求生存，才創造了生命中的奇跡！

告訴你一個爸爸小時候同班同學的故事。有一位小孩的家庭環境很好，所以他能夠安心地上學；但是另一位小孩的家庭環境較差，所以他不得不到工廠去打工。

30 年後，那位繼續上學的小孩只是個平凡的公司職員，而那位無法繼續上學的小孩，卻變成大工廠的廠長。

爸爸覺得，有時良好的環境似乎會阻礙堅強意志的產生。在良好的環境中，要學習耐心並不容易，因此不需要羨慕那些比你擁有更多物質的小孩，反而要將你所欠缺的條件，轉變成你的有利之處。在困難的環境當中，為了達成目標所產生的自信心，就是個非常寶貴的經驗。

爸爸小的時候，也不是一個有堅強意志力的人，所以姐姐們常常會當面斥責爸爸說：「你為什麼那麼沒有耐心呢？」每當被罵的時候，爸爸總是非常傷心，當場就大哭起來。

當爸爸 12 歲時，有一天又因為受到姐姐們的斥責而大哭，姐姐們苦口婆心地安慰我，但我卻聽不進任何的話語，還獨自一人走了 10 公里的夜路回家。

神奇的是，在那次經驗後，爸爸反而成為一個意志堅強的人了。「連可怕的夜路都獨自走過，還有什麼事情可

以難倒我呢？」不知你是否也有過同樣寶貴的經驗呢？

　　有句俗語說：「自助者天助之。」無論面對任何事情，在未達到目標之前都要全力以赴。

　　沒有意志力的人，絕對無法達成夢想。在未來，爸爸希望你能夠以堅定的意志力，來克服在人生中所面臨的各種挑戰。

025 爸爸的偶像

在某些不知如何是好的情況下，可以想想你所尊敬的人物，並試着思考：「如果是那個人的話，他會怎麼做呢？」

從小到現在，爸爸所尊敬的人，幾乎超過了 100 位。爸爸讀過許多書，也遇到過不少的人，我努力地想要學習他們的想法或生活方式。

現在爸爸最尊敬的人物，就是麥克亞瑟將軍。麥克亞瑟將軍是歷史上最了不起的軍事家之一。即使在麥克亞瑟將軍去世數十年後的今天，他仍舊受到許多人的尊敬，他在 1942 年還榮獲「最佳父親獎」呢！他的得獎感言是：「我的職業是軍人，我以身為軍人為榮；但比那更值得我驕傲的是，我是個父親。雖然軍人殺了很多敵人，但是他也間接拯救了許多生命。在我死後，希望我的孩子不要記得有位身為軍人的父親，而是記得他有位堅強的父親。」因此，他是想做個好爸爸的我最尊敬的對象。

爸爸常常將所尊敬的人物放在心中，每當遇到困難時，就習慣性地思考：「如果是那個人的話，他會怎麼去克服問題呢？」這種思考方式，真的可以使我在任何情況下，幾乎都能做出正確的決定。

希望你也能夠像爸爸一樣，在某些不知如何是好的時候，可以在心中想想自己所尊敬的人物，並思考：「如果是那個人的話，他會怎麼做呢？」爸爸希望你也可以試試這個好方法啊！

026 自己的事情自己做

無論什麼事情都能夠認真去做，就會得到別人的肯定，並且增加自己的實力，大家自然也會看見你的努力。

今天爸爸看了你的房間之後，感到非常生氣，簡直像垃圾堆一樣，玩具和書散落一地。為什麼你連自己要做的最基本的事都沒有做好呢？爸爸在想，是不是爸爸連這種小事都沒有好好教你呢？所以，爸爸決定與其再買玩具送給你，不如先教導你養成「自己的事情自己做」的好習慣。

爸爸認為你現在已經能夠做好自己責任內的事情了，思考的方式也逐漸成熟了；也就是說，你已經擁有能夠「隨心所欲」的自由。那麼，就像你所享有的自由一樣，你是不是也應該先盡到你該盡的責任呢？特別是自己的房間，應該要由自己來清潔打掃，而不是等媽媽來幫你做。

做功課時也是如此。只要再努力想一下就可以解決的問題，如果丟給別人來幫你做，對你有什麼幫助呢？

老師為了要提升你的實力，才會交待這些作業。但是你不自己做，反而依賴別人，那麼你的成績就會落後給那些自己做作業的小朋友了。你也不希望這樣吧！

所以，從現在開始，爸爸希望你要養成自己的事情自己做的習慣。這樣一來，你將會成為比現在更獨立更穩重的人。

027 要對自己的事情負責

為了培養責任感，爸爸想告訴你，在開始做任何事之前，最好養成事先評估是否能夠確實完成的習慣。

記得你小的時候，爸爸曾問你：「長大後想做什麼呢？」你回答說：「想當軍人或是警察。」你的答案跟一般的男孩子很像。再問你為什麼想成為軍人或是警察，你說：「可以保護國家！」你的想法讓爸爸覺得很欣慰。

雖然你年紀還小，但也許是身為男生的緣故，所以有想要保護人、照顧人的念頭，但是要保護某個人，是一件伴隨着許多責任的事情。現在你的身邊有爸爸媽媽，無論你發生什麼事情，爸爸媽媽都會來幫你解決；等你以後長大了，你還是要依賴爸爸媽媽來保護的話，就是一件羞愧的事。

為了培養責任感，爸爸想告訴你，在開始做任何事之前，最好養成事先評估是否能夠確實完成的習慣。

美國第33任總統杜魯門，在他的辦公室裏掛着一句話：「一切的責任由我來承擔。」身為美國總統，必須保護許多人，因此他用這句話來時時警惕自己的責任，使自己的決定不至於出差錯。爸爸聽了這個故事後非常感動。

親愛的兒子，真正的男子漢就是要對自己的事情負責！

028 向着目標全力以赴

為了目標全力以赴，就是指為了達成目標，必須要有能放棄次要事情的智慧和堅強意志。

最近爸爸和你最喜歡的運動項目，大概就是棒球了。

每當觀賞棒球比賽時，心中總會浮現一股狂烈的激情。你也一邊看棒球賽，一邊說：「爸爸，我以後也當棒球選手，好不好？」

你說你喜歡優秀的棒球運動員，對吧？但是你知道為了成為優秀的運動員，他們付出了多少努力嗎？像這樣，成功的人都會為了要達成目標，而徹底地做好自我管理，這就是他們的共同點。

所謂為了目標全力以赴，就是指為了達成目標，必須要有能放棄次要事情的智慧和堅強意志。

許多成功的人，幾乎都會為了達成目標，而放棄種種的慾望，同時也克服了許多負面情緒。

任何人為了得到自己所喜歡的事物，都必須做好，就像是你為了要讀你喜歡的書，就得去克服必須久坐的困難，或克服自己想偷懶睡覺的慾望一般。

兒子啊！向着目標，全力以赴！

029 書是
無言的老師

像你這樣的年齡，要多讀些好書，以培養長大以後要完成的夢想。

你聽過「書是無言的老師」這句話嗎？因為書籍記錄了許多偉大的人物，有關於他們一生的經歷、智慧、想法與知識，我們讀了那些書的內容，就可以吸收別人的寶貴經驗。

好的書籍可以塑造出優秀的人，爸爸和你所知道的偉人，全都是讀了很多書的人。喜歡唸書的人，都會擁有豐富的見解。

特別是像你這樣的年齡，是人生當中最重要的時期，所以要多讀書。讀好書，可以實現長大以後要完成的夢想，並成為端正的人。但並不是要你漫無目的地讀書，讀完一本書之後，要將書的內容轉化為自己的想法，如此才算得上是真正的讀書。

讀書的方法有許多，重要的是需要有一套適合自己的讀書方法才行。對於像你這樣年紀的小孩來說，與其偏重於閱讀某一種類的書籍，還不如平均地閱讀各個領域的書籍。

即使是讀同樣的一本書，每個人的感想也都會有所不同。因此，要養成你自己獨特的讀書習慣。在這麼多書當中，希望你能選擇對你有益的，你所能夠消化的書啊！

030 百聞不如一見

旅行能夠帶給人們歡樂，離開喧嚷的都市到遠方旅行，直接親近大自然的美麗與浩瀚。

　　離開喧嚷的都市到遠方旅行不僅能夠帶給人們歡樂，更可以直接領悟到大自然的美麗與浩瀚。雖然也有人可以對你說明大自然的種種有趣與美麗，但是那會比你直接用眼睛去看、用耳朵去聽、用皮膚去感受，來得更真實嗎？

　　書本能夠教導並告訴你所不知道的事物，但若認為只要讀過書就明瞭一切的話，便是個很大的錯誤。舉例來說，不能因為在書上

看過羅浮宮的照片，就認為自己已經明白羅浮宮的一切，應該要實地去走走，親眼見識它的規模與樣貌，欣賞其中的庭園造景，以及典藏的名畫古物等等，才能夠說是真正地了解羅浮宮。

　　為了能夠具體地了解各種知識，我們可以常常去旅行。爸爸希望你能將在學校以及通過書籍和電腦所學的知識，再藉着實際的觀察，清楚明白地將想法烙印在腦海中，將來若有機會去旅行時，你可能會因此發現它們和過去所知道以及所想像的完全不同呢！

　　記得千萬不可囫圇吞棗，要抱持着好奇心去研究各種問題。如果有不明白的地方，可以隨時向你的師長或爸爸請教啊！

031 學習安排
自己的生活

為了能夠有效地利用時間，要先排出一天的
行程，並確實地完成自己所制訂的計劃。

時間比一切都重要。就像是覆水難收一樣，大家都知道逝去的光陰是不會再復返的。

所以天下的父母都希望能幫助孩子們，從小就學會珍惜並活用時間，你也要好好地聽爸爸的話，學習活用時間的方法啊！

為了能夠有效地利用時間，要先規劃出一天的行程。你可以試着制訂出從早上起牀開始一直到睡前的計劃。否則，馬馬虎虎地度過一天的話，不知道會浪費多少寶貴的光陰啊！

讓爸爸來描述你一天中的行程吧！你大約在下午 4 點時，從學校放學回來，然後去補習班補習約 1 個半小時；回到家以後，就立刻坐在電視機前面看卡通；卡通播完後，開始坐在電腦前玩遊戲；晚餐時間，你勉強吃了幾口飯後，又趕緊坐回電腦前面玩遊戲；直到接近睡覺時間，才開始坐在書桌前做功課，這就是你的一天！功課才做到一半就睡着了，爸爸只好把你抱到牀上去睡，這種情形已經不是一天兩天的事了。

你想起來會不會覺得很慚愧呢？像這樣毫無計劃地盲目虛度一天，對你而言會有什麼幫助呢？

爸爸希望你從今天開始，可以在回到家以後，先養成把功課做完的習慣，因為一直等到睡前才開始坐在書桌前做功課的話，根本無法好好地做。如果只是勉強地做功課

的話,一點兒用處也沒有,功課是你學習範圍的延伸,老師是為了讓你能夠自動自發地讀書才給予功課的。從學校和補習班回來以後,就立刻做功課的話,對你的學習能力也會有很大的幫助。

接下來要縮短玩遊戲和看電視的時間。爸爸並不是不讓你做這些事,只是希望你可以先把該做的事情做完。如果你先把功課做完,再來看電視或玩遊戲,爸爸就不會生氣了。還有,在一天當中不能不做運動,你可以先從簡單的跑步或跳繩開始。與其做吃力的運動,不如多做些輕快的運動,這樣可以放鬆身體,讓你的心情愉快。

在你準備睡覺之前,可以藉着寫日記來回顧這一天。寫日記時可以檢視自己是否有按照計劃進行,如果沒有做到就要自我反省,並做準備,使明天能夠按照計劃進行。

爸爸建議你,一天的計劃可以這樣安排:

07:00	起牀,並準備上學
08:00	開始學校生活
16:00	放學回家
16:00～18:00	做功課
19:00～21:00	看電視、玩遊戲、做運動
22:00	寫日記、準備睡覺

　　時間的管理很重要，也是很基本的。周末時，你會有更多的時間，最好能讀一些平時沒時間看的書，或是去旅行，或者你也可以和爸爸一起去游泳或爬山，就是不要待在家裏虛度周末。

　　兒子啊！學習規劃自己的生活是很重要的啊！因為這可以幫助你更快做好自己想要做的事情。人生，絕對是需要規劃的！

032 報紙中的大世界

報紙可以使我們掌握這個世界的脈動,爸爸希望你能夠通過閱讀報紙來看見更大的世界。

　　對於生活在這個複雜社會的我們來說，報紙是不可或缺的重要資訊來源。你會先看報紙的哪個版面呢？是漫畫嗎？沒錯。爸爸年紀很小的時候也是如此，因為漫畫能夠將當天最重要的消息，用淺顯有趣的方式表達出來，但是不能只看了漫畫就把報紙收起來啊！

　　你現在年紀還小，還不需要去詳讀時事或是政治等內容，但是至少要讀過粗體字所寫的新聞標題，如此才能夠掌握這個世界是如何變化的。看過大標題以後，如果有自己比較關心的內容，最好能夠再仔細地閱讀一下，這樣就可以掌握新聞的發展，例如是在何時、何地、為什麼發生，以及如何進展等，然後針對那則新聞，試着將你的想法整理出來。養成這樣的習慣吧！如此一來，你將會增進自己在理性思考方面的能力。

　　還有，看報紙的時候，會有很多難懂的文字，所以有時不太容易閱讀，但是如果能夠利用字典來查詢你所不懂的字詞，那你就可以借此學到大量的新詞語了。

　　報紙上的新聞，可以使我們掌握這個世界的脈動，爸爸希望你能夠通過報紙來看見更大的世界。

033 將決心化為行動

如果從小事開始做起的話，你就會明白自己能夠做得好的事情有哪些，並且知道要如何去實踐它。

　　不知道你是否會覺得爸爸對你說的事情，實踐起來有些困難呢？記得爸爸曾經對你說過「要有實踐夢想的勇氣」這句話嗎？不要害怕面對難題，試着把它想得容易一點。爸爸不會勉強你去做你做不到的事情，爸爸相信你一定能夠做得到。

　　如果仍然感到困難的話，那就先從你覺得最不困難的事情開始做起。無論是多麼容易的事情，假如你覺得很無趣而無法把它做好的話，就等於是在浪費時間了，不是嗎？所以，不要小看小事情；如果從小事開始做起的話，你就會明白自己能夠做得好的事情有哪些，並且知道要如何去實踐它。

　　實踐夢想就像是跑馬拉松一樣。剛開始跑的時候，會感到氣喘如牛，腿都軟了，心裏後悔地想着：「我為什麼要跑馬拉松呢？」但是只要堅持努力地繼續跑下去的話，就會漸漸跟上別人，也能夠維持穩定的速度了。

　　雖然在剛開始的時候做起來會很困難，但如果保持着必須要做到的決心，持續地去努力，那麼就一定會成功。這樣的人，無論到何處，都會成為受歡迎的人。爸爸希望你能勇於將自己的決心化為行動。

心態篇

034 學習朋友的優點

即使是再優秀的人，也無法具備所有的優點；即使是看起來平凡的人，也有值得學習的地方。

　　你會為了使自己看起來更優秀，而隨意取笑你的朋友嗎？如果你的朋友比你擁有更多的長處，表現得比你更優秀時，你的心情會如何呢？

　　所謂的朋友，就是能與你互相學習、取長補短的人。因此，如果你想讓別人覺得你很優秀，就要從值得學習的朋友那兒，吸取他的長處。

　　好好地去觀察你周圍的朋友吧！即使是再優秀的人，也無法具備所有的優點；即使是看起來平凡的人，也有值得學習的地方。但是沒有必要為了去學習別人的優點，而喪失自己本身的獨特性，維持你的長處，同時也吸取朋友的優點就可以了。

035 專心做好
一件事

如果無法集中精神去做一件事，就不會有任何的進展，也不會有任何的收穫。

　　要如何才能專心一致呢？活在這個世界上，總會有一些對自己來說很重要的事，那可能不只是屈指可數的幾件事。但是要同時做好每一件事並不容易，因此要將你能夠做好的事與不能夠做好的事區分開來，對於能夠做好的事，必須全力以赴。

　　即使是玩遊戲，也要和讀書一樣，最好能夠集中精神認真地玩。如果無法集中精神去做一件事，就不會有任何的進展，也不會有任何的收穫！要集中精神去做的事情，也包括生活中的一些小事，例如：當全家人聚在一起吃飯的時候，如果你突然拿起漫畫來看，會怎麼樣呢？你的行為會使同桌吃飯的人也開始分心或不愉快！

　　而你可能也會因為同時做兩件事，就不小心把飯粒掉在漫畫書上，或是使餸菜掉進湯裏去，這樣一來，家人就會埋怨吃飯不專心的你。所以吃飯時就只要專心地吃飯，吃完飯再去看漫畫，這樣家人和你都可以同時專心地做一件事，不是很好嗎？

　　有時候，好像過了很忙碌的一天，但是睡覺前仔細想一想，似乎連一件事也沒有做好，這就說明你尚未擁有專心做一件事的能力。和別人談話的時候也是一樣，不積極地融入談話中，而浪費精神在一些沒有意義的事情上面，這樣一來，和你一起談話的人，就不會再想和你說話了。

　　因此，讀書時要將精神專注於書本上，和別人談話時要專心聽別人講話，玩遊戲時也要集中精神玩樂啊！

97

036 保持專心、
恆心、好奇心

有旺盛的好奇心，再加上專心與恆心的話，
即使是做一件困難的事，也能夠做得很好。

　　爸爸現在有時候會覺得後悔，為什麼當初不針對一件事情，有恆心地做下去呢？尤其是爸爸有時看你對很多事情都只有三分鐘熱度，不禁想起，爸爸在像你這樣的年齡時也是一樣，不僅無法專心地去做某一件事，還常去追求流行或是別人都認為有趣的事物；而一旦熱潮退去時，又再去找其他的事物。如果將這些稱為童年，倒也是一段不錯的時光。

　　爸爸了解，像你這樣的年齡，總是充滿了好奇心，所以要保持專注是很難得的。但是如果能擁有旺盛的好奇心，再加上專心與恆心的話，即使是做一件困難的事，也能夠做得很好。

　　想要得到朋友的肯定，或是期待長輩給予的讚許，這些都能夠增加你對自己的信心。為什麼呢？因為想要受到肯定，想要被稱讚，就不會輕易地放棄。

　　爸爸希望你能夠成為有恆心的人。以專注的恆心，針對一件事不停地學習；也希望能夠因為你在某件事情上做得比別人更好，而得到別人的讚賞。

037 告訴自己，我做得到！

期望你能夠時常保持正面的想法。因為正面的思考與話語，會為你帶來更美好的未來。

　　兒子啊！當你口渴時，如果杯子裏有半杯水的話，你會有什麼反應呢？

　　有些人會說：「啊！還有半杯水呢！」有些人則會說：「啊！只剩半杯水了！」

　　第一種人就是抱持樂觀思考的人，第二種人則是抱持悲觀思考的人。這兩種不同的思考模式，肯定會產生不同的人生結果！

　　人們會按照內心的思考模式來表達自己的看法，持有正向思考的人，常常會說出樂觀的話語，而人們往往會依照自己所說的話去行動；舉例來說，如果說得出「我愛妹妹」這句話，那麼就不會做出討厭或欺負妹妹的行為，累積經驗之後就會養成習慣。所以，思考會影響話語，話語會左右行動，行動則養成習慣。

　　然而，抱持有悲觀想法的人常常會說：「我做不到！」結果就真的一事無成。相反地，抱持有樂觀思考的人會說：「我做得到！」於是無論任何事都能做得到。

　　孩子，即使你所面對的情形每況愈下，爸爸也期望你能夠時常抱持着樂觀的想法，為自己帶來更美好的未來。

038 勤勞是最大的財富

如果貧窮的人能夠保持勤勞的習慣，即使小小的積蓄也能累積成大財富。所以這個世界上最大的財富，就是「勤勞」。

世界上最沒有用的人，就是懶惰的人。爸爸平時常說必須幫助不幸的人，但是並不同情在街上乞討的年輕乞丐，你知道為什麼嗎？因為他們很懶惰，擁有健全的四肢卻不去努力工作。

即使是擁有許多財富的富翁，如果不勤勞，也無法維持財富，因為再多的財產終會有散盡的一天；相反地，貧窮的人如果能夠保持勤勞的習慣，即使小小的積蓄也能累積成大財富。因此，世界上最大的財富，其實就是「勤勞」。

早上睡到很晚才起牀，該做的事不立刻去做，總是一直在找藉口拖延，都可以算是懶惰的證據！勤勞的人會早起，常常馬上動身去做必須要做的事。如果能夠保持勤勞的習慣，就可以擁有比別人更豐富的人生。

039 從小地方做起

穩重的人，無論在哪裏，總是會做出合乎其
品性的行為。大人們只要觀察孩子的一個行
為，就可以知道他平常的習慣。

「見微知著」這句成語，不知道你是否曾經聽過呢？爸爸小時候無法明白這句話的意思，當年紀漸長之後，才領悟到其中的意思。

爸爸曾經對你說過，我在大學時期為了賺取學費而去當補習老師的事情吧！那時，爸爸特別觀察了幾位小朋友，因而了解到「見微知著」這句話的意義。

有一個小朋友常常在上課時忘了帶書和筆記本，所以一同上課的同學，就必須和他一起看書，但是這種行為卻常常造成其他同學的困擾。爸爸雖然勸告過那個孩子好幾次，但是他的態度依舊沒有改變。他在學校是個調皮的學生，在家裏也是個愛惹是生非的孩子。

穩重的人，無論在哪裏，總是會做出合乎其品性的行為。也就是說，大人們只要觀察孩子的一個行為，就可以知道他平常的習慣。

爸爸希望你無論在何處，都能夠成為一個穩重的人。

040 小人物的哲理

爸爸希望你可以從小事開始，將你所負責的任務盡全力做好。如果連小事都做不好，卻搶着做大事，是不是不合理呢？

你還記得嗎？有一天，你看起來心情不太好，爸爸問你發生了什麼事，你回答說沒什麼，也不願意仔細說清楚，所以爸爸也就沒有再繼續問下去了。後來才聽媽媽說，原來那天你們班上舉行了班長選舉。

媽媽說，你因為沒當選班長，只當選了英文科科長而感到垂頭喪氣，爸爸可以理解你的心情。

也許你的同學表面上沒有表現出來，但是大部分的人心裏都想成為班長。當班長多好啊！班長是一個班級的領袖。但是如果每個人都當班長的話，那麼由誰來當英文科科長呢？

爸爸希望你可以在當上班長之前，先將英文科科長的職務認真做好。為了要做一個盡責的英文科科長，應該先想想看必須要做些什麼事，並且提醒自己不要出差錯，盡全力去做，讓老師和同學都感到滿意！漸漸的，老師和同學就會開始肯定你的能力了。如果大家都肯定你的能力，也許你很快就會當上班長也有可能哦！

所以，爸爸希望你從小事開始，將你所負責的任務盡全力做好：例如做功課、清理房間、遵守與朋友間的種種約定等等。如果能做好這些事的話，隨時就會有做大事的機會來敲門！

孩子，如果連小事都做不好，卻希望做大事，是不是有點不太合理呢？

107

041 與自己做個約定

比起能否遵守與別人的約定，更重要的是能否遵守與自己的約定！

常常聽人說要「遵守約定」，但是為什麼要遵守約定呢？

因為不遵守約定，就會失去信任；一旦失去信任，就會使人際關係受損，所以一定要遵守約定。

但是如果要遵守約定的對象就是「自己」的話，又要怎麼做呢？令人惋惜的是，人們並不太遵守與自己的約定。

每個人到每年的一月時，都會為新的一年制訂計劃，也下定決心要做到，但是過了幾個月之後，就把之前的計劃忘得一乾二淨了。爸爸也是無法完美地做到，即使下定決心這一次一定要遵守計劃，可是到了年尾，回想這一年的情況時，卻發現仍然有許多事情並沒有按照計劃做好。所以比起能否遵守與別人的約定，更重要的是能否遵守與自己的約定！別說是一年，遵守一天的計劃也不容易。下定決心要早起，卻還是睡得很晚；決定放學後要做功課，卻又與朋友玩到很晚才回家，你是不是也常常遇到這種情況呢？

爸爸現在並不是在指責你，爸爸只是希望你能夠明白，就算當時因為受到誘惑而無法遵守與自己的約定，事後也要反省，並期許自己以後不會再犯同樣的錯誤。

042 和爸爸一起去旅行

也許你平常會覺得不喜歡戶外活動，但是當身心皆感到疲憊時，可以到郊外走走，這對於消除疲勞很有幫助。

　　人是屬於大自然的動物，令人感動的大自然總是擁抱著我們。在都市中生活久了，也許你平常會覺得不喜歡戶外活動，但是當身心皆感到疲憊時，若能到郊外走走，對於消除疲勞很有幫助。

　　也正因為如此，所以爸爸很喜歡旅行。走入大自然，彷彿有回到故鄉的輕鬆感覺，一切的慾望也都消失於無形中。

　　這個周末和爸爸一起去旅行吧！請媽媽為我們準備好吃的點心，我們可以坐在小溪的岩石上吃午餐，欣賞風景和拍照。和爸爸一起來場男人和男人的對話，怎麼樣啊？爸爸有很多東西要教你，也有很多話要告訴你。

　　對了，爸爸還想和你分享，關於我以前在旅行時所學到的常識與感受。等你長大以後，自己一人去旅行時，這些常識一定會對你有所幫助的。

043 失敗並非結束，而是開始！

希望你無論面對什麼樣的困境，都不要輕言放棄，把失敗當作是成功的踏板，不要害怕再次開始。

大部分的人在做某件事之前，都會想起過去失敗的陰影，而不敢再次嘗試。

為什麼人們會害怕失敗呢？根據一位心理學家說，那是因為人具有「羞恥心」。除了害怕失敗，人們更厭惡失敗時被他人嘲笑和指責，最後會使自己變得自怨自艾，而不想再次挑戰難題。

假如你失敗了，記得要拋棄這種不必要的羞恥心，丟臉只是暫時的，為了做更大的事，必須要有無視於他人眼光的勇氣。例如，你在學校因為成績很差，被其他的小朋友嘲笑，也被老師和爸爸媽媽責罵。但是這一切並不是就一直會是這樣的，不是嗎？反而越是這樣，就越要努力，下次才會有好成績！如果你能這麼做，之前嘲笑你的小朋友將會認為你很了不起；你也會得到老師和父母的稱讚。但如果就此自暴自棄的話，那你永遠只能當個失敗者。

爸爸希望你無論面對什麼樣的困難，都不要輕言放棄，把失敗當作是成功的踏板，不要害怕再次開始。爸爸相信下一次你一定會成功！

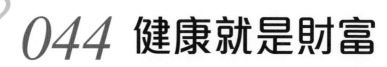

044 健康就是財富

即使是擁有許多財富與名譽的富翁，如果沒有健康的身體，財富和名譽也毫無用處。

在這世界上，沒有什麼比健康更重要，所以隨時強調健康的重要性一點也不為過。即使是擁有許多財富與名譽的富翁，如果沒有健康的身體，財富和名譽也毫無用處。忽視並且損害自己健康的人最笨了。

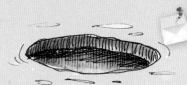

你常在寒冷的天氣裏因為吹冷風而感冒，或是因為暴飲暴食而肚子痛，對不對？這些都是不懂得愛惜自己身體的人所做的行為哦！

所以爸爸現在想告訴你維持健康的方法。要仔細地看，好好地學，才知道要怎麼做才能維持健康。

為了健康不可以偏食，什麼都要吃，偏食對健康是十分不好的。特別是蔬菜類的食物，因為蔬菜可以提供給正在發育的你所必需的營養素，是很重要的食物。

還有，儘量少去快餐店。那些食物雖然好吃，卻是有害健康的不良食品，也是製造出肥胖兒童的主要原因。即食麵、零食、飲料等，也和快餐一樣，是不好的食品。如果常吃那些食物，以後會容易患各種疾病，所以一定要避免食用它們。

為了身體的健康，也要常做運動，雖然這是每個人都知道的事，但要實踐起來卻不容易。與其勉強抱持着一定要做某一項特別運動的想法，不如在天氣稍為涼爽時，做些簡單的體操或是跳繩、跑步來伸展筋骨。如果連這些也

難以做到的話，輕鬆的散步也很好。

　　如果你喜歡的話，也可以選擇一種特別的運動來做，像是防身術或跆拳道。像這樣的運動方式，既可以達到健身的效果，也可以學習保護自己。

　　早上起牀後，可以喝一杯水，有助於腸子的蠕動，然後很快就會想上廁所。順利地排便十分重要，能這麼做的人，基本上來説都是健康的，所以要養成起牀後先喝一杯水的習慣。雖然剛開始時可能會很辛苦，但堅持了一段時間後，你就會發現自己的身體變得很輕鬆了呢！

　　還有，要有充足的睡眠。如果總是一直玩遊戲、看電視，思緒會變得混亂，就會睡不着覺。感到疲倦時，可以做做運動，或是讀一點書，讓頭腦放鬆，都是幫助入眠的好辦法。如果沒有充足的睡眠，即便再怎麼充實地度過一天，也會覺得累。

　　在你睡覺時，身體的各個器官處於休息的狀態，並正凝聚第二天所需使用的能量，因此一定要有充足的睡眠，才能完全消除疲勞，使你在第二天充滿活力。

　　到目前為止，爸爸説了許多維持健康的方法，全都記住了嗎？如果覺得不一定都做得到，和爸爸一起嘗試，好嗎？

當爸爸下班以後，我們可以一起出去做運動，一起比賽跑步和跳繩，來增強體力、鍛煉身體。

如果你照爸爸所講的去做，你就能夠擁有健康的身體。希望你能夠明白，健康是無法以任何東西來交換的珍貴財富。

陪兒子說説話
——爸爸一定要告訴兒子的 44 件事

原　　著：〔英〕菲利普‧查斯特菲爾德（Philip Chesterfield）
改　　編：〔韓〕孫永俊
繪　　畫：〔韓〕李俏善
譯　　者：徐月珠
責任編輯：曹文姬
美術設計：李成宇
出　　版：新雅文化事業有限公司
　　　　　香港英皇道 499 號北角工業大廈 18 樓
　　　　　電話：（852）2138 7998
　　　　　傳真：（852）2597 4003
　　　　　網址：http://www.sunya.com.hk
　　　　　電郵：marketing@sunya.com.hk
發　　行：香港聯合書刊物流有限公司
　　　　　香港新界大埔汀麗路 36 號中華商務印刷大廈 3 字樓
　　　　　電話：（852）2150 2100
　　　　　傳真：（852）2407 3062
　　　　　電郵：info@suplogistics.com.hk
印　　刷：中華商務彩色印刷有限公司
　　　　　香港新界大埔汀麗路 36 號
版　　次：二〇一四年九月初版
　　　　　10 9 8 7 6 5 4 3 2 / 2016
版權所有‧不准翻印

ISBN: 978-962-08-6187-1